Max Meets Pierina

Max rencontre Piérina

Free
PRINTABLE COLOURING PAGES

Scan the QR code to get your **FREE** colouring pages.
Scannez le code QR pour obtenir vos pages à colorier **GRATUITES**.

Published by Antonina Novarese, Vertou, France
English / French bilingual edition
Written, translated, illustrated, designed by Antonina Novarese
First published as *Frog Meets Small White* in English in 2020 by Antonina Novarese
ISBN : 978-2-902718-25-2
Édition : Antonina Novarese, 51 rue Charles Lecour, 44120 Vertou, France
Imprimé à la demande depuis novembre 2023. L'imprimeur est indiqué à la dernière page de l'ouvrage.
Loi n° 49-956 du 16 juillet 1949 sur les publications destinées à la jeunesse : novembre 2023
Dépôt légal : novembre 2023
WWW.ANTONINANOVARESE.COM

Max Meets Pierina
Max rencontre Piérina

story and pictures by Antonina Novarese
écrit et illustré par Antonina Novarese

The pond creatures were sitting around on logs, chatting.

"When Max tried to catch a gnat, he slipped and fell into the mud."

Everybody giggled.

Les créatures de l'étang étaient assises sur des bûches et discutaient.

« Quand Max a essayé d'attraper un moucheron, il a glissé et est tombé dans la boue. »

Tout le monde rit.

"When Max tried to catch a dragonfly, he panicked and ran for his life."

Max didn't laugh. He wanted to prove he could catch bugs. Silently he left the logs.

« Quand Max a essayé d'attraper une libellule, il a paniqué et a couru pour sauver sa vie. »

Max ne rit pas. Il voulait prouver qu'il pouvait attraper des insectes. En silence, il quitta les bûches.

Walking along the bank, Max saw an empty fruit juice
bottle. Inside, Pierina, a small white butterfly, was feasting
on the sticky traces of juice.

En longeant la berge, Max aperçut une bouteille de
jus de fruit vide. À l'intérieur, Piérina, un petit papillon
blanc, se régalait des traces collantes du jus.

"I will do everything right this time," Max thought.
Trying not to make a sound, he climbed up the burdock
leaves to get closer to the neck of the bottle.

« Je ferai tout correctement cette fois », pensa Max.
Essayant de ne pas faire de bruit, il grimpa sur les feuilles
de bardane pour se rapprocher du goulot de la bouteille.

Boom!
Max fell right down into the bottle. The butterfly chuckled and took flight.

Boom !
Max tomba dans la bouteille. Le papillon rit et prit son envol.

Max looked around. He tried to jump out, but the neck of the bottle was too high. He jumped again.

The bottle tipped over and rolled down the bank until – splash! – it fell right into the pond.

Max regarda autour de lui. Il essaya de sauter, mais le goulot de la bouteille était trop haut. Il sauta encore.

La bouteille se renversa et roula sur la berge jusqu'à – flac ! – elle tomba directement dans l'étang.

Max made his escape and swam back
to the bank. Then he got out of the water.
Max saw Pierina again, sitting on a
burdock flower.

Max s'échappa et nagea jusqu'à la rive.
Puis il sortit de l'eau.
Max revit Piérina, assise sur une fleur
de bardane.

Quietly he approached, and jumped towards her.

Il s'approcha doucement et sauta vers elle.

Max landed among the burdocks.
"Ouch! Ouch! It's prickly!"
Pierina came closer. "Are you hurt?"
she asked him.

Max atterrit parmi les bardanes. « Aïe !
Aïe ! Ça pique ! »
Piérina s'approcha.
— Es-tu blessé ? lui demanda-t-elle.

"Bugs don't talk."
"You mean you have never listened to bugs talk."
Pierina helped Max to pick out the thorns.
And so they talked on, and by evening they were best friends.

— Les insectes ne parlent pas.
— Tu veux dire que tu n'as jamais écouté les insectes parler.
Piérina aida Max à retirer les épines.
Et ainsi ils parlèrent, et le soir ils étaient devenus meilleurs amis.

Friendship is often born when one person starts to listen and the other helps them pluck out thorns.

L'amitié naît souvent lorsqu'une personne commence à écouter et que l'autre l'aide à retirer les épines.